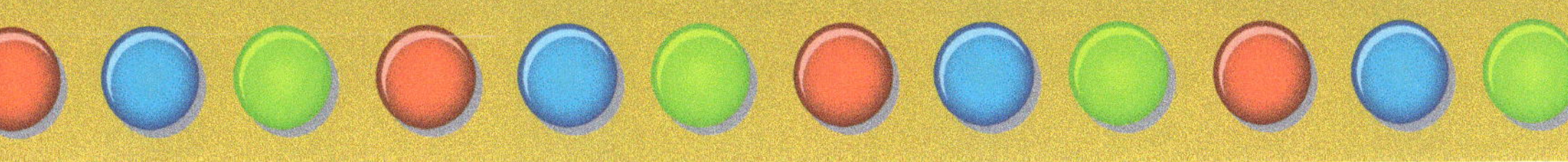

Let's learn the color **red** with
Aprendamos el color **rojo** con

rojo
(roh-hoh)
red

La manzana es roja

Color the objects that are **red**
Colorea los objetos que son **rojos**

corazón

rosa

pollo

manzana

Trace and write the word - Repasa y escribe la palabra

rojo rojo rojo rojo rojo

rojo rojo rojo rojo rojo

Let's learn the color **blue** with
Aprendamos el color **azul** con

azul
(ah-zéwl)
blue

El jean es azul

Color it - Colorea

Color the objects that are **blue**
Colorea los objetos que son **azules**

mar

jean

pitufo

banana

Trace and write the word - Repasa y escribe la palabra

azul azul azul azul azul
azul azul azul azul azul

Let's learn the color **yellow** with
Aprendamos el color **amarillo** con

amarillo
(ah-mah-rée-yoh)
yellow

El sol es amarillo

Color it - Colorea

Color the objects that are **yellow**
Colorea los objetos que son **amarillos**

girasol

pato

jean

piña

Trace and write the word - Repasa y escribe la palabra

amarillo amarillo amarillo amarillo

amarillo amarillo amarillo amarillo

Let's learn the color **green** with
Aprendamos el color **verde** con

verde
(váhr-day)
green

El pino es verde

Color it - Colorea

Color the objects that are **green**
Colorea los objetos que son **verdes**

oso

sapo

trébol

pera

Trace and write the word - Repasa y escribe la palabra

verde verde verde verde

verde verde verde verde

Let's learn the color **orange** with
Aprendamos el color **anaranjado** con

anaranjado
(ahn-ah-rahn-hah-doh)
orange

El balón
es anaranjado

Color it - Colorea

Color the objects that are **oranges**
Colorea los objetos que son **anaranjados**

zanahoria

cámara

mandarina

camarón

Trace and write the word - Repasa y escribe la palabra

anaranjado anaranjado anaranjado

anaranjado anaranjado anaranjado

Let's learn the color **purple** with
Aprendamos el color **morado** con

morado
(moh-ráh-doh)
purple

Las uvas son moradas

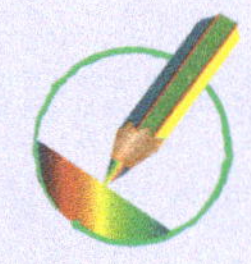

Color the objects that are **purples**
Colorea los objetos que son **morados**

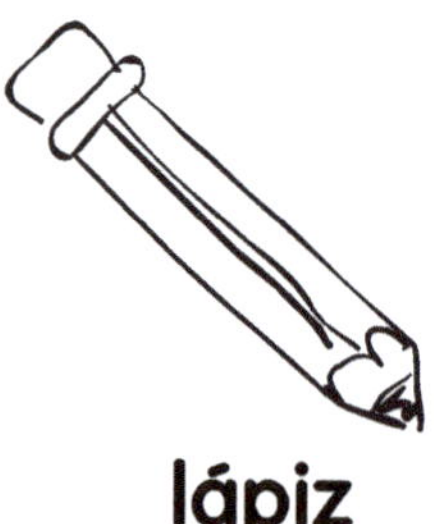

lápiz

pulpo

berenjena

cebolla

Trace and write the word - Repasa y escribe la palabra

morado morado morado morado

morado morado morado morado

Let's learn the color **pink** with
Aprendamos el color **rosado** con

rosado
(róh-sáh/doh)
rosa
(róh-sah)
pink

El cerdo es rosado

Color it - Colorea

rosado

Color the objects that are **pink**
Colorea los objetos que son **rosados**

Trace and write the word - Repasa y escribe la palabra

rosado rosado rosado rosado

rosado rosado rosado rosado

Let's learn the color **brown** with
Aprendamos el color **marrón** con

marrón
(mah-róhn)
café
(kay-fáy)
brown
El oso es marrón

Color it - Colorea

café

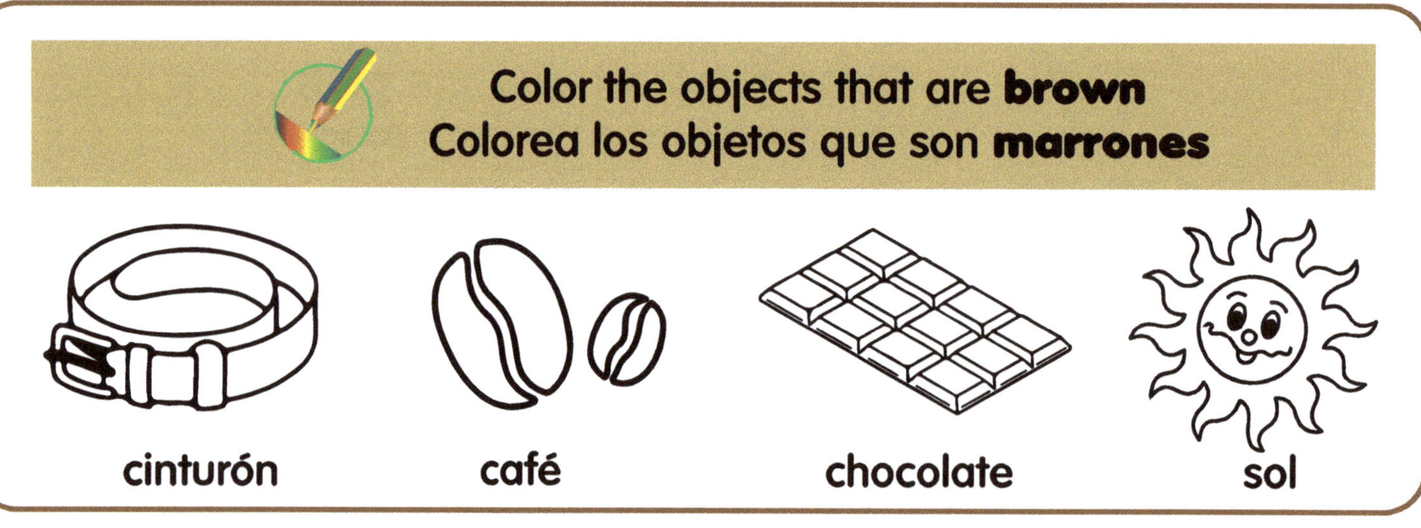

Color the objects that are **brown**
Colorea los objetos que son **marrones**

cinturón | café | chocolate | sol

Trace and write the word - Repasa y escribe la palabra

marrón marrón marrón marrón

marrón marrón marrón marrón

Let's learn the color **black** with
Aprendamos el color **negro** con

Trace and write the word - Repasa y escribe la palabra

negro negro negro negro

negro negro negro negro

Let's learn the color **white** with
Aprendamos el color **blanco** con

El muñeco de nieve es blanco

Color it - Colorea

Color the objects that are **white**
Colorea los objetos que son **blancos**

obeja

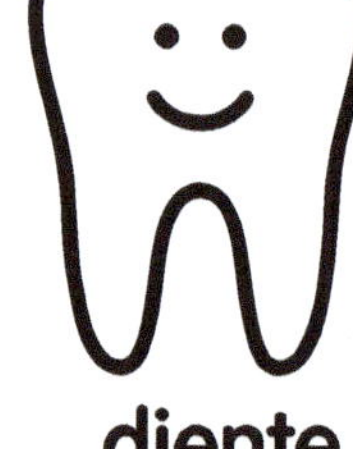

diente

conejo

arco iris

Trace and write the word - Repasa y escribe la palabra

blanco blanco blanco blanco blanco

blanco blanco blanco blanco blanco

Let's learn the color **gray** with
Aprendamos el color **gris** con

gris
(grees)
gray

El ratón es gris

Color it - Colorea

Color the objects that are **gray**
Colorea los objetos que son **grices**

elefante

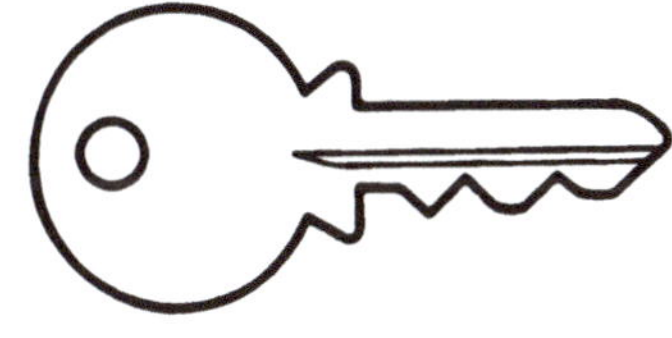

llave

niña

ratón

Trace and write the word - Repasa y escribe la palabra

gris gris gris gris gris

gris gris gris gris gris

Repaso=Review
Repasemos LOS COLORES con 

Crucigrama

Write the colors in Spanish

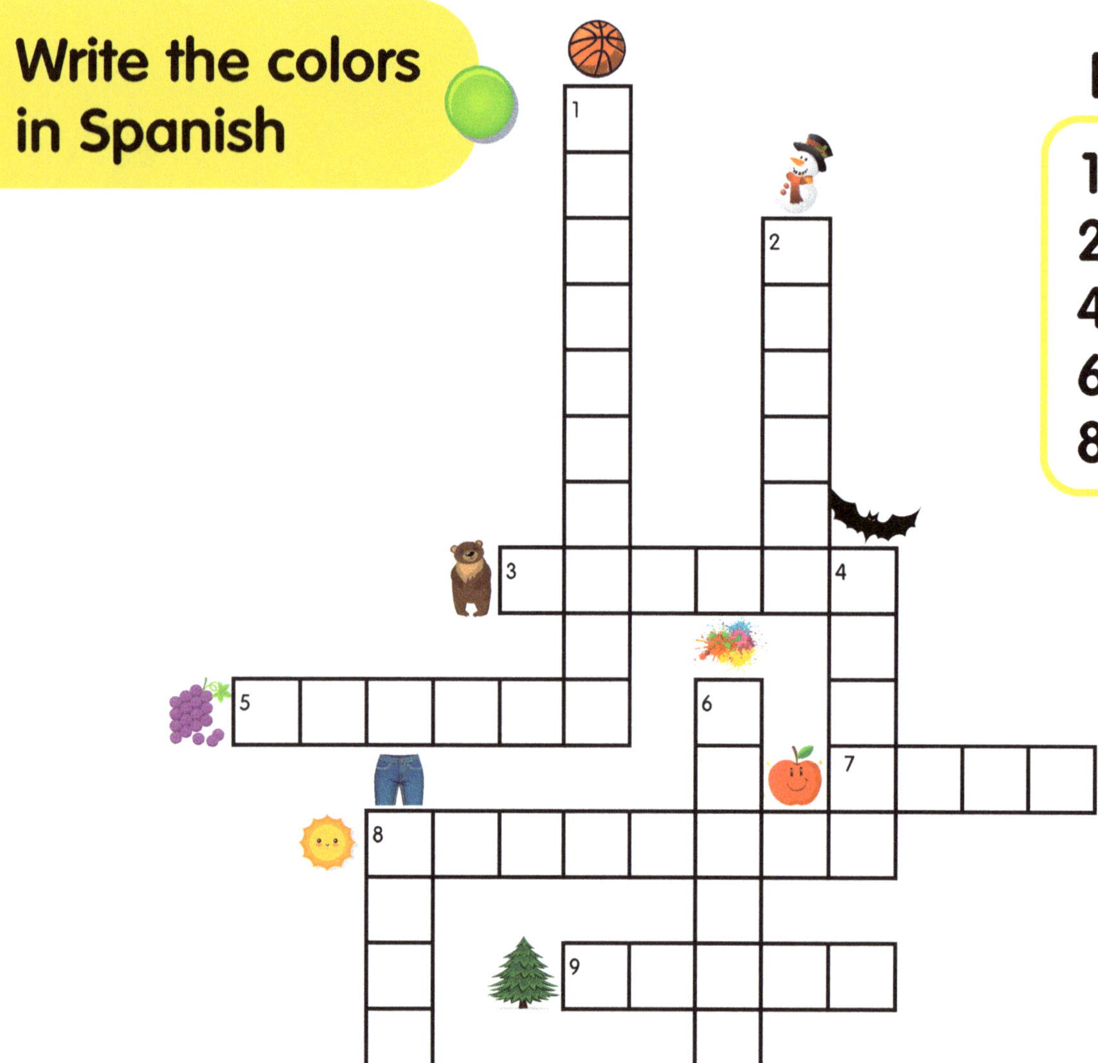

DOWN:

1. orange
2. white
4. black
6. colors
8. blue

ACROSS:

3. brown
7. red
8. yellow
5. purple
9. green
10. grey

Word Bank

•anaranjado •blanco •marrón •negro •morado
•colores •rojo •amarillo •verde •gris

Repaso-Review

Repasemos LOS COLORES con

Word Bank

- red
- orange
- yellow
- green
- blue
- purple

- rojo 1
- anaranjado 2
- amarillo 3
- verde 4
- azul 5
- morado 6

Mi color favorito es: ______________________

(My favorite color is) ______________________

Repaso-Review

Repasemos LOS COLORES con 

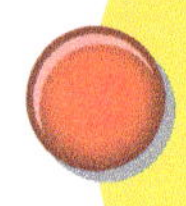

Connect the name of the color with the correct picture
Une el color con el dibujo correcto

rojo		blue
azul		yellow
verde		white
amarillo		red
gris		black
morado		orange
anaranjado		gray
blanco		purple
negro		green

Let's learn the **circle** with
Aprendamos el **círculo** con

círculo
(see/ir-kew-loh)
circle

La pizza es un círculo

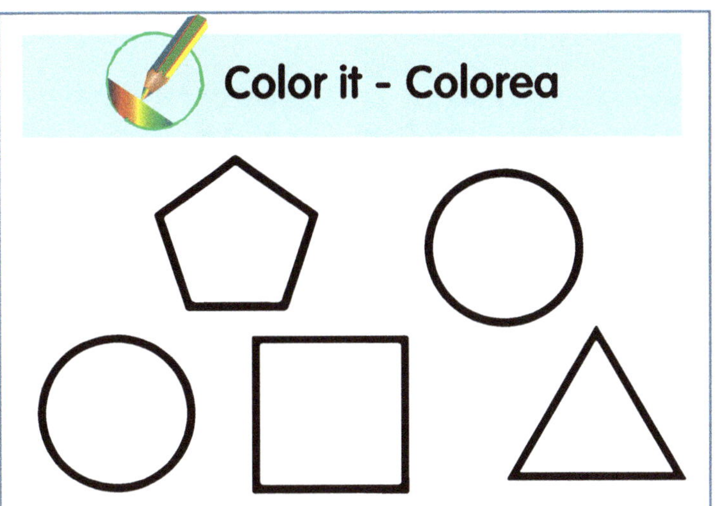

Color it - Colorea

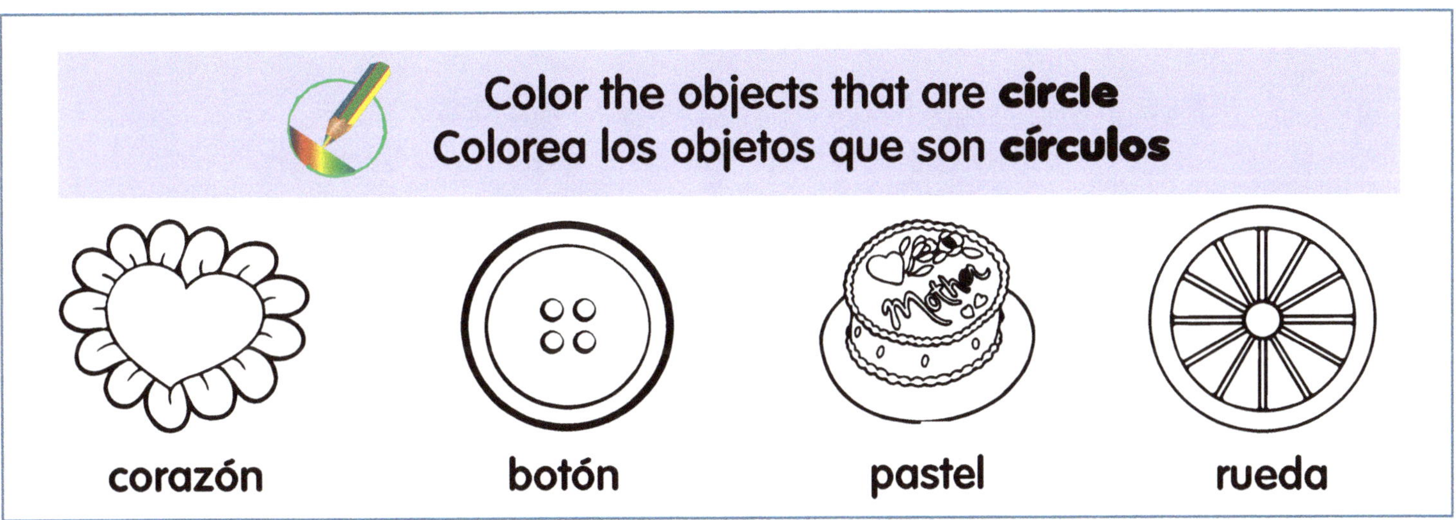

Color the objects that are **circle**
Colorea los objetos que son **círculos**

corazón | botón | pastel | rueda

Trace and write the word - Repasa y escribe la palabra

círculo círculo círculo círculo

círculo círculo círculo círculo

Let's learn the **square** with
Aprendamos el **cuadrado** con

El juego es cuadrado

Trace and write the word - Repasa y escribe la palabra

cuadrado cuadrado cuadrado

cuadrado cuadrado cuadrado

Let's learn the **triangle** with / Aprendamos el **triángulo** con

triángulo
(tree-áhn-gew-loh)
triangle

El sombrero es un triángulo

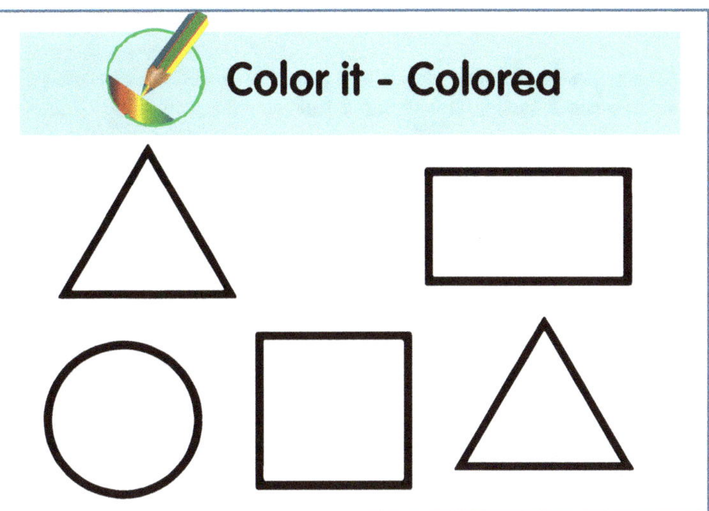

Color the objects that are **triangles**
Colorea los objetos que son **triángulos**

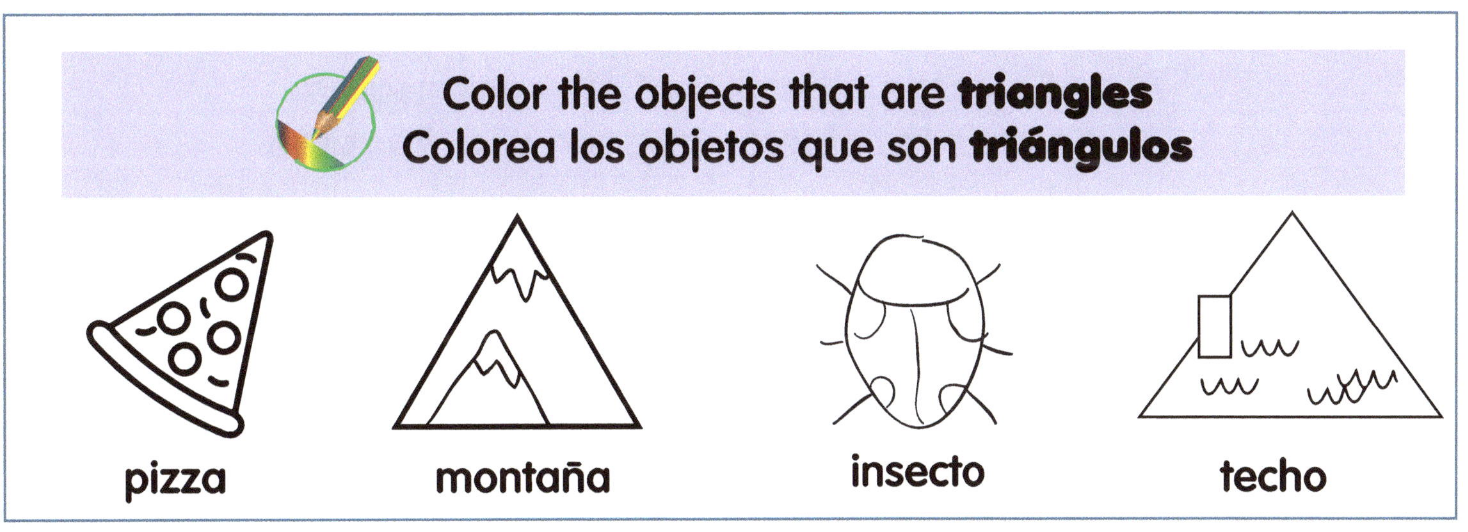

Trace and write the word - Repasa y escribe la palabra

triángulo triángulo triángulo triángulo

triángulo triángulo triángulo triángulo

Let's learn the **rectangle** with
Aprendamos el **rectángulo** con

rectángulo

(rec-táhn-gew-loh)

rectangle

La puerta es un rectángulo

Color it - Colorea

Color the objects that are **rectangles**
Colorea los objetos que son **rectángulos**

sobre

reloj

televisor

regla

Trace and write the word - Repasa y escribe la palabra

rectángulo rectángulo rectángulo

rectángulo rectángulo rectángulo

Let's learn the **octagon** with
Aprendamos el **octágono** con

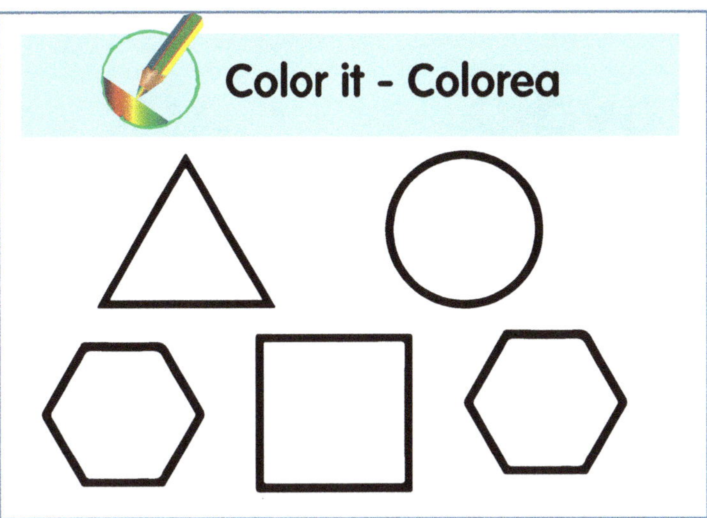

Color the objects that are **octagons**
Colorea los objetos que son **octágonos**

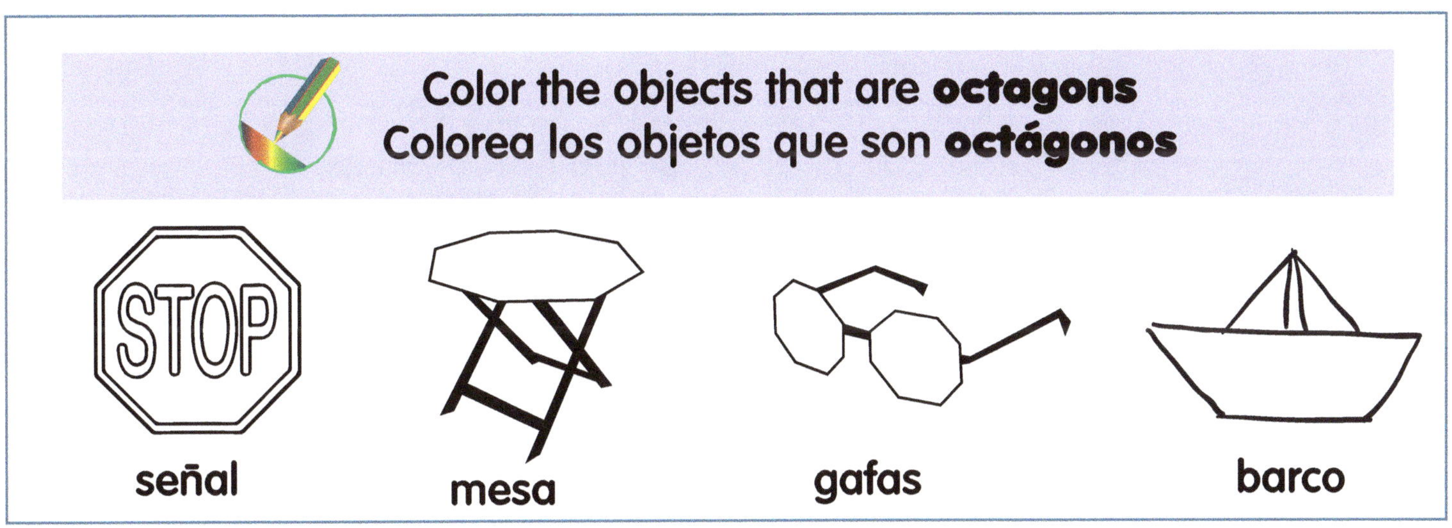

Trace and write the word - Repasa y escribe la palabra

octágono octágono octágono

octágono octágono octágono

Let's learn the **oval** with
Aprendamos el **óvalo** con

óvalo
(óh-bah-loh)
oval

El globo es un óvalo

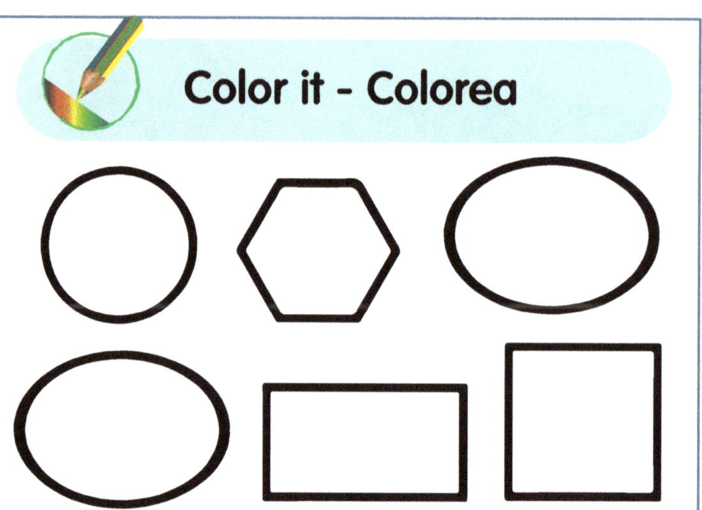

Color it - Colorea

Color the objects that are **ovals**
Colorea los objetos que son **óvalos**

helado

sandía

raqueta

espejo

Trace and write the word - Repasa y escribe la palabra

óvalo óvalo óvalo óvalo óvalo

óvalo óvalo óvalo óvalo óvalo

Let's learn the **star** with
Aprendamos el **estrella** con

estrella
(ays-tráy-yah)
star

La carita es una estrella

Color it - Colorea

Color the objects that are **stars**
Colorea los objetos que son **estrellas**

estrella de mar | flor | globo | galleta

Trace and write the word - Repasa y escribe la palabra

estrella estrella estrella estrella

estrella estrella estrella estrella

Let's learn the **heart** with
Aprendamos el **corazón** con

corazón
(kor-rah-zóhn)
heart

La caja es un corazón

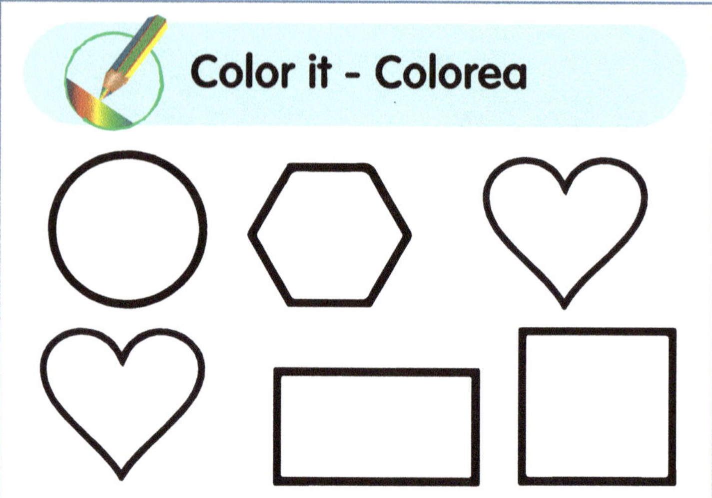

Color it - Colorea

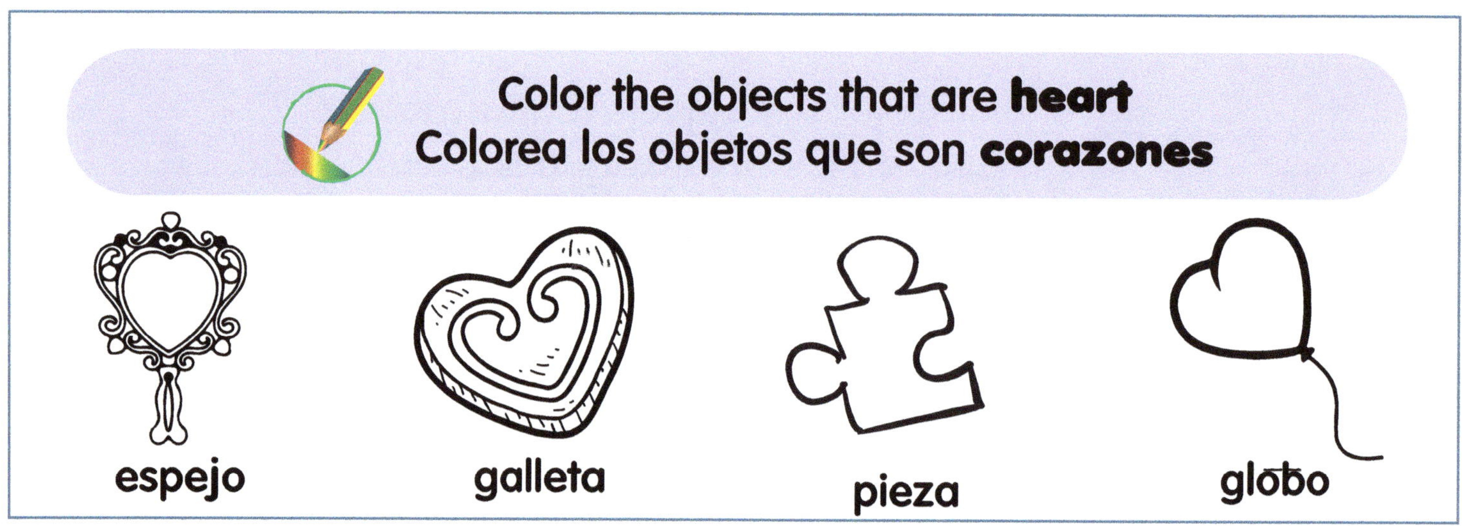

Color the objects that are **heart**
Colorea los objetos que son **corazones**

espejo — galleta — pieza — globo

Trace and write the word - Repasa y escribe la palabra

corazón corazón corazón corazón

corazón corazón corazón corazón

Let's learn the **rhombus** with
Aprendamos el **rombo** con

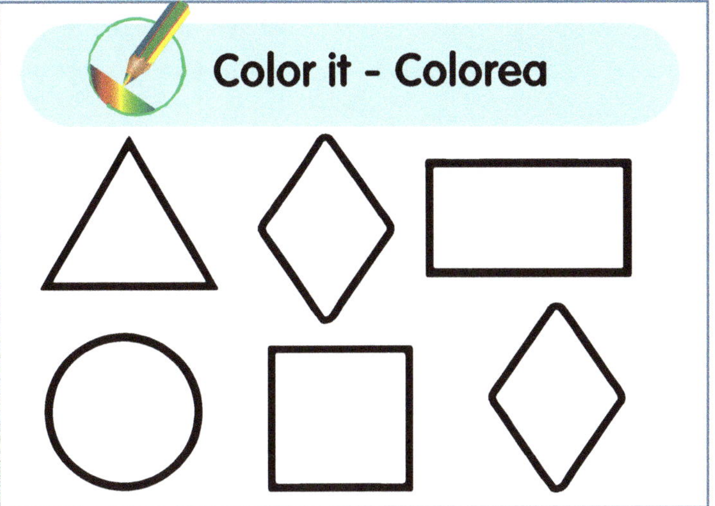

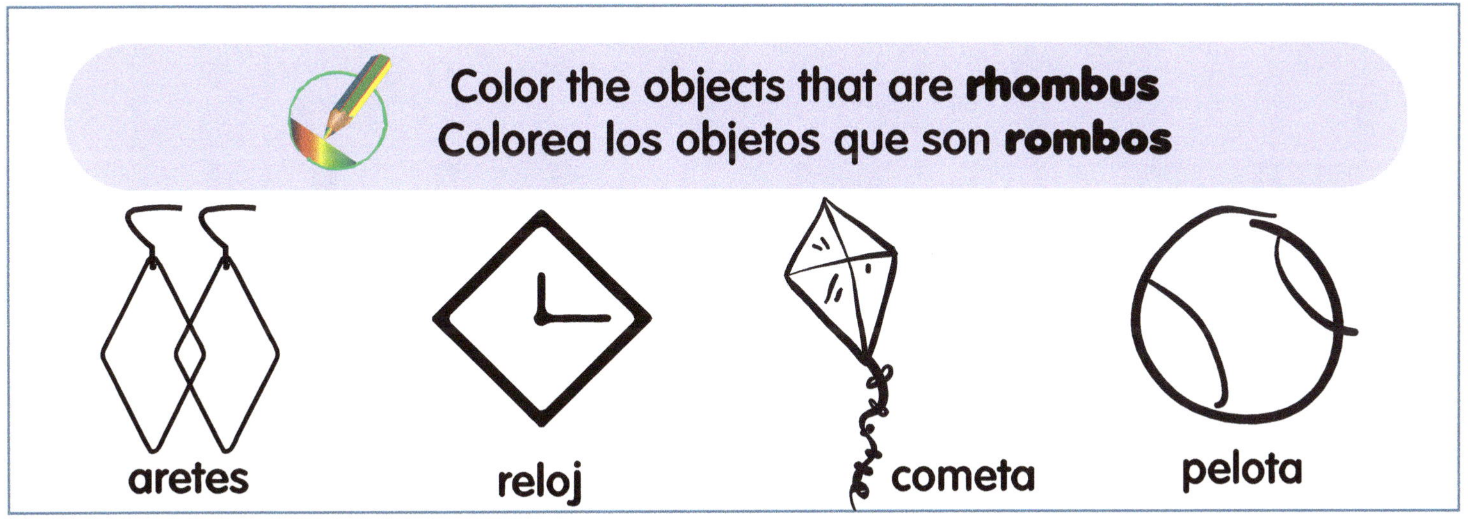

Trace and write the word - Repasa y escribe la palabra

rombo rombo rombo rombo

rombo rombo rombo rombo

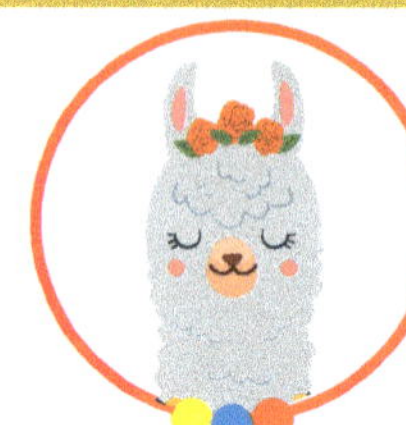

Repaso-Review
Repasemos LAS FORMAS con la llama Rosita

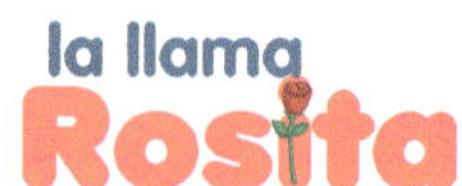

Busca las formas y márcalas
Search for the shapes and circle them

c	o	r	a	z	o	n	r	n	e
t	v	c	u	a	t	r	e	l	s
o	a	h	o	k	a	b	c	m	t
z	l	l	x	y	n	u	t	v	r
r	o	m	b	o	m	x	a	i	e
ñ	k	r	t	s	i	e	n	e	l
c	i	r	c	u	l	o	g	d	l
s	i	n	r	o	b	t	u	e	a
t	r	i	a	n	g	u	l	o	o
c	u	a	d	r	a	d	o	ñ	b

Word Bank

- triángulo
- cuadrado
- círculo
- rectángulo
- óvalo
- estrella
- corazón
- rombo

Repaso-Review
Repasemos LOS COLORES con la llama Rosita

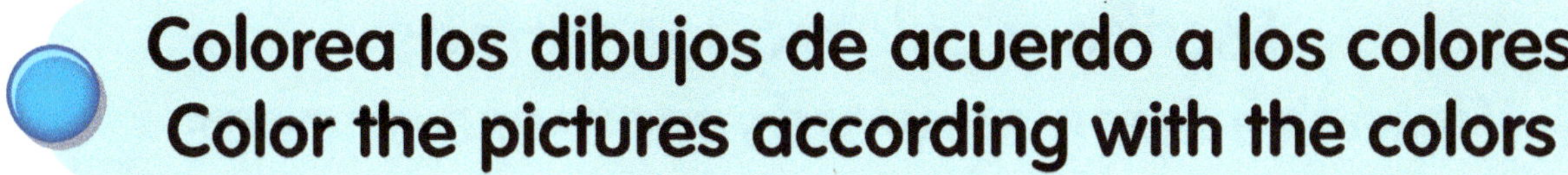

Colorea los dibujos de acuerdo a los colores
Color the pictures according with the colors

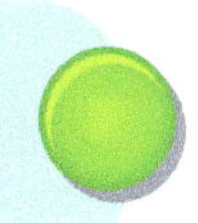

marrón

blanco

gris

rosado

negro

morado

azul

rojo

amarillo

anaranjado

verde

EXCELENTE

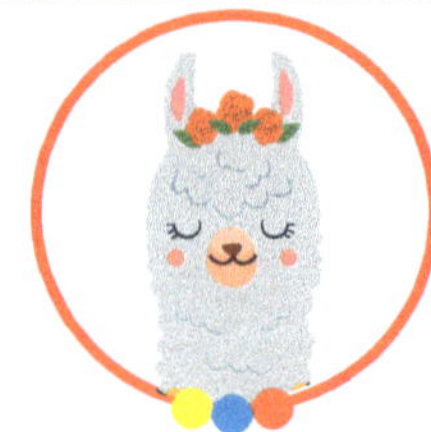

Repaso-Review
Repasemos LAS FORMAS con la llama Rosita

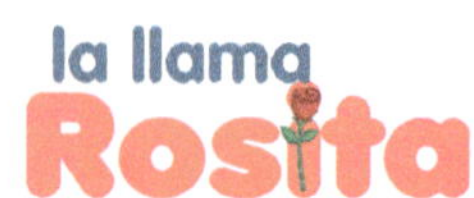

Escribe y colorea las formas
Write the Spanish words for these shapes.
Color the shapes

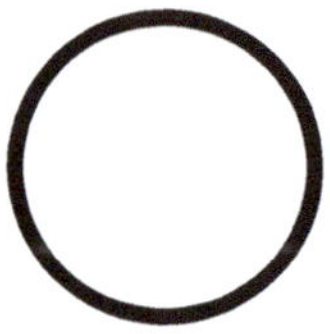

círculo círculo

cuadrado cuadrado

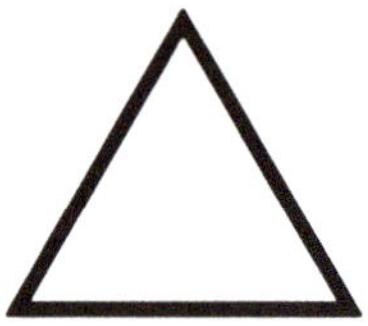

triángulo triángulo

rectángulo rectángulo

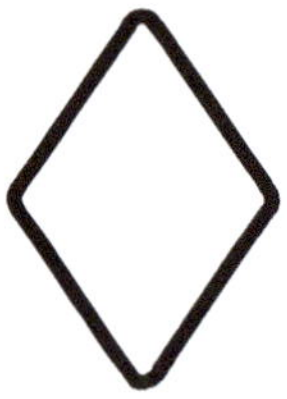

rombo rombo

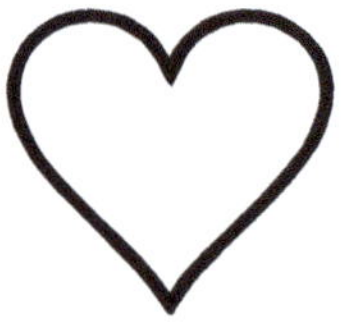

corazón corazón

Let's learn the **opposites** with
Aprendamos los **opuestos** con

Trace and write the word - Repasa y escribe la palabra

Trace and write the word - Repasa y escribe la palabra

 alto alto bajo bajo

Let's learn the **opposites** with
Aprendamos los **opuestos** con

Trace and write the word - Repasa y escribe la palabra

cerca cerca lejos lejos

Trace and write the word - Repasa y escribe la palabra

bonito bonito feo feo

Let's learn the **opposites** with
Aprendamos los **opuestos** con

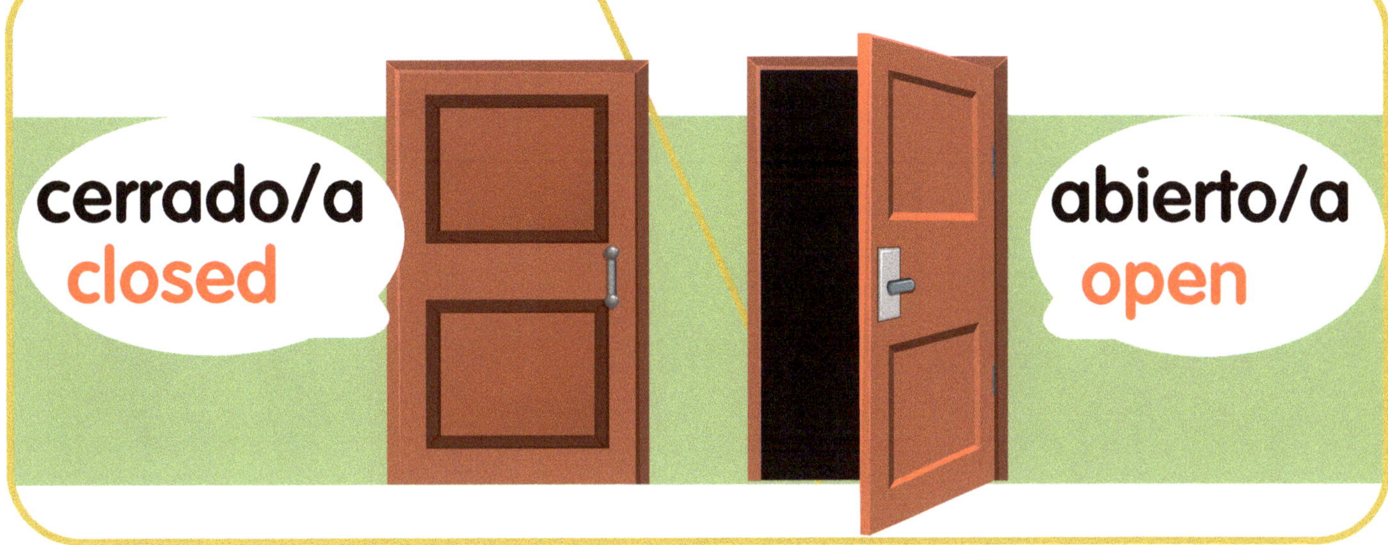

Trace and write the word - Repasa y escribe la palabra

 cerrado cerrado abierto abierto

Trace and write the word - Repasa y escribe la palabra

 frio frio caliente caliente

Let's learn the **opposites** with
Aprendamos los **opuestos** con

Trace and write the word - Repasa y escribe la palabra

 feliz  triste 

Trace and write the word - Repasa y escribe la palabra

 día  noche 

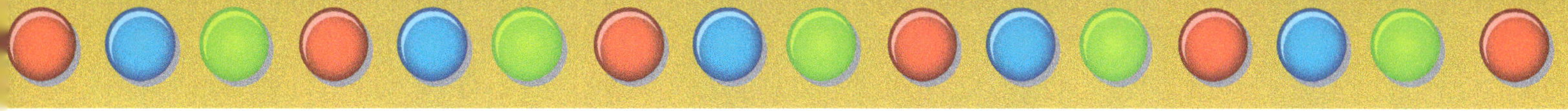

Repaso-Review
Repasemos LOS OPUESTOS con la llama Rosita

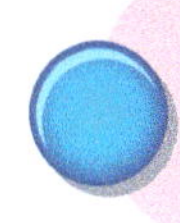

Choose the correct picture
Marca el dibujo correcto

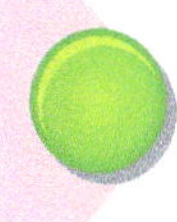

caliente			
pequeño			
feo			
feliz			
noche			

ESPAÑOL	PRONUNCIACIÓN	INGLÉS
¿Cuál es tu color favorito?	¿kew-áhl-ays tew koh-lóhr fah-voh-rée-toh?	What is your favorite color?
Mi color favorito es…	mee koh-lóhr fah-voh-rée-toh ays..	My favorite color is…
¿De qué color es: es…	¿day káy koh-lóhr ays?..	What color is…? is...
rojo/a	róh-hoh/róh-hah	red
azul*	ah-zéwl	blue
verde*	váir-day	green
blanco/a	bláhn-koh/bláhn-kah	white
negro/a	náy-groh/náy-grah	black
anaranjado/a	ahn-ah-rahn-hah-doh ahn-ah-rahn-hah-dah	orange
amarillo/a	ah-mah-rée-yoh/ ah-mah-rée-yah	yellow
morado/a	moh-ráh-doh/moh-ráh-dah	purple
rosa/ rosado	róh-sah/róh-soh roh-sáh-dah/roh-sáh-doh	pink
café/ marrón/ chocolate	kay-fáy mah-róhn choh-koh-láh-tay	brown
gris	grees	gray
arco iris	áhr-koh / ée-rees	rainbow
círculo	see-ír-kew-loh	circle
cuadrado	kew-ah-dráh-doh	square
triángulo	tree-áhn-gew-loh	triangle
rectángulo	rec-táhn-gew-loh	rectangle
octágono	ohk-táh-goh-noh	octagon
óvalo	óh-vah-loh	oval
estrella	ays-tráy-yah	star
rombo	róhm-boh	rhombus
corazón	kor-ah-zóhn	heart
grande - pequeño	gráhn-day/pay-káyn-yoh	big-small
alto-bajo	áhl-toh/báh-hoh	tall-short
cerca-lejos	sáyr-kah/láy-hohs	near-far
bonito-feo	boh-née-toh/fáy-oh	beautiful-ugly
cerrado-abierto	sayr-ráh-doh/ah-bee-air-toh	closed-open
frio-caliente	frée-oh/kah-lee-áyn-tay	cold-hot
feliz- triste	fay-lées/trées-tay	happy-sad
día-noche	dée-ah/nóh-chay	day-night

www.ingramcontent.com/pod-product-compliance
Lightning Source LLC
LaVergne TN
LVHW070401230826
846093LV00017B/550

* 9 7 8 1 7 3 7 3 5 4 4 3 7 *